NOTICE
SUR
LA SAINTE VIE
ET
L'ADMIRABLE MORT
DU
R. P. DOM JEAN SALLIER

Religieux à la Grande-Chartreuse.

PRIX : 50 CENTIMES

MARSEILLE
TYPOGRAPHIE P. JOUVE ET Cie, RUE MONTGRAND, 35.

1878

NOTICE

SUR

LA SAINTE VIE

ET

L'ADMIRABLE MORT

DU

R. P. DOM JEAN SALLIER

Religieux à la Grande-Chartreuse.

PRIX : 50 CENTIMES

MARSEILLE
TYPOGRAPHIE E. JOUVE ET Cⁱᵉ, RUE MONTGRAND, 36.

1878

A LA RÉVÉRENDE MÈRE SUPÉRIEURE

DU

MONASTÈRE DES......... A AIX

MA RÉVÉRENDE MÈRE,

Vous m'avez envoyé, en me priant de les écrire, quelques détails sur la sainte vie et l'admirable mort du Père Dom Jean Sallier, religieux à la Grande-Chartreuse, notre cher compatriote, l'ami de notre douce enfance, ou plutôt le bon ange qui l'embellissait par le charme de sa piété, et qui nous faisait sentir, dès l'âge le plus tendre, par cette grâce d'initiation que donne l'innocence, le bonheur d'aimer Dieu.

J'aurais désiré, ma Révérende Mère, que vous eussiez chargé du soin de faire le récit de cette belle vie, une personne plus autorisée que moi par le talent et la piété. Vous avez sans doute pensé que vous ne trouveriez pas un cœur plus ému, ni un enthousiasme plus vif pour raconter les vertus de cet admirable Saint, dont nous avions pressenti le perfectionnement, en voyant dans de si jeunes années les prémices révélateurs de tous les dons de Dieu.

Les édifiants souvenirs que nous a laissés ce bienheureux effraient mon indignité; je veux cependant vous obéir en me disant que les saints sont le patrimoine de tous, et qu'il ne faut pas priver de leurs grands exemples les âmes de bonne volonté.

Il n'y a pas de vertu solitaire; la sainteté est féconde; un saint porte dans son cœur une génération d'âmes sanctifiées par ses vertus; nous sommes liés par une chaîne mystérieuse de la terre au Ciel; la tombe tient à la vie éternelle; les pauvres exilés qui gémissent au milieu des habitants de Cédar, sont près des élus qui environnent le trône de Dieu; ils répètent ici-bas le même cantique d'adoration qui se chante dans les Cieux. Je veux donc, en esprit de foi, indiquer à ceux qui prient, un nouveau protecteur au Ciel; il pourra consoler d'amères douleurs, ranimer de célestes espérances et élever l'âme aux grandes aspirations de la foi et de l'amour divin.

Il vous souvient, sans doute, ma Révérende Mère, que, même dans nos jeux enfantins, auxquels nous forcions notre cher *Uldaric* à s'associer, il gardait toujours une gravité dont s'étonnait notre inexpérience religieuse ; et lorsque nous arrivions à cette espièglerie qui fait trouver un vif plaisir d'enfant à chercher l'objet caché, il s'approchait de moi en souriant et me disait : « ALLONS CHERCHER LE PETIT JÉSUS » ; et moi, de lui répondre avec étourderie : « MAIS LA CRÈCHE EST DÉFAITE DEPUIS LONGTEMPS. » Pauvre ignorante que j'étais des choses de Dieu ! Je ne comprenais pas que pour lui, si prévenu par la grâce, et pour ceux qui en suivent fidèlement les inspirations, la crèche dure toujours avec les abaissements de son amour, et que la croix n'a pas déposé le Divin Crucifié, malgré les gloires de la résurrection. Je n'ai pas besoin de vous dire, ma Révérende Mère, à vous qui êtes d'Aix, que le père Dom Jean Sallier appartenait à une famille dans laquelle les vertus chrétiennes, les mœurs patriarcales et l'amour des pauvres étaient héréditaires. Sa mère, femme sévèrement pieuse, avait pris un soin tout particulier de l'enfance de son jeune fils ; elle avait l'habitude de le conduire avec elle, en allant prier dans l'église de la Magdeleine, à la chapelle de Notre-Dame-de-Grâce, ce sanctuaire si vénéré à Aix ; elle remarquait avec bonheur que son enfant joignait ses petites mains et gardait, dans un profond silence, un recueillement au dessus de son âge. Il a avoué plus tard qu'il faisait tous ses efforts pour prier comme sa mère et pour l'imiter dans sa ferveur.

De semblables dispositions au début de la vie, révélaient déjà la prédestination de cet enfant béni ; aussi en embrassant la vie contemplative, a-t-il commencé par où les autres finissent, et il est arrivé d'un premier élan au sommet des montagnes saintes de la perfection.

Afin d'imiter St-François d'Assise dans la voie de la sainte pauvreté, le jeune Sallier, en quittant le monde, se rendit à pied à la Grande-Chartreuse sans toucher à l'argent que sa famille l'avait forcé de prendre ; il n'ouvrit pas la bourse que l'amour de ses parents avait remplie d'or, et, en arrivant au couvent, il la jeta aux pieds du Révérend Père général.

Dès son entrée dans la vie claustrale, les plus parfaits n'ont pu le suivre que du regard de leur admiration. Son obéissance, sa régularité, son amour pour le prochain, sa vie crucifiée, sa contemplation fervente, tout en lui annonçait, non point un novice, mais un vétéran consommé dans la vaillante milice de Jésus-Christ.

L'amour de Dieu brûlait son cœur, et son adoration était si continuelle qu'elle avait pris possession de tout son être et ne lui permettait pas le plus léger retour sur lui-même, ni la plus innocente satisfaction.

Lorsque l'obéissance lui laissait quelque liberté, il se nourrissait avec des herbes amères, du pain noir et des restes dont aucun pauvre n'aurait voulu, et encore se trouvait-il indigne d'user de tels aliments. Son exactitude à vivre dans la solitude la plus absolue et son humilité, ont caché la plus grande partie de ses pénitences, et il a fallu toute l'affection des frères qui le servaient et qui avertissaient les supérieurs, pour en modérer les excès. Alors il s'humiliait en disant qu'il n'était pas digne d'imiter les saints, lui, si grand pécheur et qu'on le traitait comme il le méritait en lui défendant des austérités, parce qu'on le savait *paresseux et sensuel*, et qu'au lieu de prier dans sa cellule, il ne s'occupait que de sa nourriture et de son sommeil. Et pourtant, ma Révérende Mère, il poussait si loin l'oubli de lui-même qu'il faisait encore le sacrifice de porter toujours des vêtements usés et de rebut, et il pratiquait d'une façon si parfaite la mortification qu'il fermait sa fenêtre pour ne pas se réchauffer au soleil, et qu'il semblait regretter l'eau dont il se servait, mieux employée, disait-il, à l'usage des petits oiseaux et des belles fleurs, qui savent si bien louer Dieu à leur manière. Ne vous semble-t-il pas, ma Révérende Mère, lire une de ces délicieuses pages des *Fioretti* de Saint-François d'Assise, en remarquant quel frappant rapport existe entre les saints !

Oh ! qu'il avait raison de réserver l'eau pure et limpide et de garder le soleil pour cette partie de la création qui n'a point offensé Dieu ! Mais notre saint aurait pu y trouver sa place, car sa vertu était telle qu'on éprouvait auprès de lui le charme inexprimable que donne la pureté ; on ne pouvait l'approcher sans se sentir pénétré d'une profonde impression religieuse que communiquait son regard angélique, plein de sourires ; on respirait auprès de lui la bonne odeur de Jésus-Christ et il s'exhalait de toute sa personne ce suave parfum d'abstinence dont il est fait mention dans la vie du saint solitaire Antoine et de plusieurs autres cénobites.

Il avait eu le bonheur de rencontrer dans son extrême jeunesse un vénérable prêtre de sa paroisse, qui lui avait fait comprendre la vertu du saint abandon et la donation entière de soi à Dieu. Cette révélation lui découvrit un horizon illimité de perfection chrétienne ; il en suivit avec courage le pénible chemin dans le monde ; mais une fois au désert, il reçut avec amour les paroles que l'esprit saint communique aux âmes qui ont tout quitté pour l'amour de Jésus-Christ ; sa ferveur prit un nouvel essor, et il lui arriva souvent de commettre de ces sublimes excès de la *folie de la croix* qui sont contemplés du ciel, que la terre ignore ou dédaigne, mais par les mérites desquels elle est sauvée. Dans son ardeur, il croyait que pour lui, misérable pécheur, c'était une sensualité de se coucher, et il trouvait que sommeiller quelques heures à genoux, les mains appuyées sur son oratoire, c'était encore une miséricordieuse indulgence.

Un voyageur matinal l'ayant surpris de bonne heure au moment où il avait *l'air* de se lever, et ne voyant dans sa cellule ni lit ni couvertures, lui demanda comment il pouvait dormir ainsi. Il demeura quelques moments embarrassé, puis il répondit, avec son inimitable candeur : « Je m'étais endormi « sur des planches; je suis si paresseux ! » On pensera peut-être que des vertus si austères rendaient ce saint religieux moins propre aux offices de la charité. Il n'en était pas ainsi. Dom Jean Sallier avait un extrême amour pour le prochain et son affection, ses prévenances, ses sollicitudes pour tous prouvaient la bonté de son cœur. On dit encore dans le couvent où la mémoire de ce saint est vénérée, qu'il faudrait des volumes pour rapporter les traits de sa condescendance pour toute la communauté, lorsqu'il était *vicaire*; sa douceur envers les novices lorsqu'il était *Père maître*, et son dévouement quand son emploi lui permettait de visiter les malades. Manquant naturellement d'un peu d'adresse, il devenait habile lorsque la charité l'inspirait; ses mains semblaient légères pour panser toutes les blessures, et avec cet instinct sympathique et surnaturel dont les saints ont seuls le secret, il comprenait les moindres désirs de l'âme, les peines les plus secrètes, les souffrances intérieures les plus cachées. Son amour pour Dieu ne se traduisait point par des actes isolés: c'était une possession constante de toutes les facultés de son être, qui n'était pas même interrompue pendant le dur et court repos qu'il se permettait. On le voyait toujours *incliné* du côté du sanctuaire par respect pour le Saint-Sacrement : on peut dire que s'il eût été libre, il aurait passé sa vie en adoration ; il a même avoué qu'il voulait être, par *effort*, ce que les extatiques sont par *état* ; par *don*, par *grâce*, ce que les élus sont dans le Ciel, moins la félicité suprême de la vision béatifique, qui ne pourrait être supportée ici-bas par notre pauvre nature mortelle.

Ma Révérende Mère, l'admiration me force à m'arrêter ici, et avant de continuer à exalter les vertus de notre Saint, il me semble qu'il faut glorifier Dieu qui, par ce don de la divine Eucharistie, a commencé par nous donner lui-même ce suprême amour et a permis qu'il lui fût rendu avec cette passion séraphique qui brûle le cœur des saints. Élevons nos cœurs, et rendons d'inexprimables actions de grâces pour ce bienfait divin qui nous ouvrira le ciel, dont le bonheur sera une communion éternelle.

Nous comprendrons, ma Révérende Mère, qu'avec de tels sentiments, la vie de Notre Bienheureux devait être tout intérieure; il s'immolait sans réserve, et aucune préoccupation *naturelle* n'arrivait à son esprit. Ainsi, penser à son âge à la date de sa profession, à son passé, à son avenir, à ses peines, à ses consolations, et même songer à son purgatoire, à sa béatitude, lui semblait une faute contre l'abandon à la volonté de Dieu ; le Seigneur absorbait toute son existence ; il n'avait plus ni peine ni joie propre, il vivait de la vie de Jésus-Christ. On lui demandait un jour dans une conjoncture fâcheuse s'il était bien peiné ? « Je n'y pense pas, » répondit-il.

Mais la gloire de Dieu ne le laissait pas indifférent; il avait compris, comme saint Ignace de Loyola, le parfait désintéressement de cette vocation apostolique, qui est de faire le bien pour la seule gloire de Dieu, sans recherche personnelle, et en renonçant même à la satisfaction que procure la conversion des âmes, tout en faisant de sublimes efforts pour les sauver. Quelles hauteurs dans la perfection Notre saint les avait atteintes, ces divines élévations. On était transporté d'étonnement, lorsqu'on lui entendait dire : « J'identifie habituellement ma « pauvre âme à celle de tous les pécheurs de l'uni- « vers, mes très-chers frères en Jésus-Christ, et je « proteste à notre Père Céleste de ne vouloir accepter « aucune grâce sans avoir auparavant obtenu celle « de leur conversion. » Il disait encore : « Il faut con- « sidérer notre âme comme *collée* à celle des « plus grands pécheurs de la terre, et comme « si elle devait partager leur sort éternel ; prier « ensuite de manière à sauver les unes et les autres. »

Il dit un jour, où de graves inquiétudes pesaient sur la société, qu'il aurait été heureux d'aller se dévouer au service et au salut de ses bien aimés frères que l'on déportait alors outre-mer. On l'a vu, en apprenant quelque grand désordre, se prosterner à terre, se frapper fortement la poitrine et s'écrier avec douleur : « C'est moi qui suis coupable ; pardon, mon Dieu, miséricorde ! » Et lorsqu'il entendait parler sévèrement, *même* des ennemis de l'Église, il corrigeait celui qui s'exprimait ainsi en disant : « Prions, ayons compassion ; Notre « Seigneur a souffert pour eux ; il les aime encore ; « il s'immole chaque jour sur l'autel pour les sauver.

« Pitié ! charité ! » Quelle touchante pratique, ma Révérende Mère ! *Coller, confondre* son âme avec celle des pécheurs et prier de manière à se sauver soi-même et à sauver ses frères ! Oh ! touchante charité de l'apostolat chrétien, qui dévore le cœur de ceux qui aiment Dieu, et qui brûlait celui de Dom Jean. Il avait le pressentiment révélateur que donne la sainteté, et la vertu féconde de la communion des saints était son espoir et sa force. C'est une des beautés de notre sainte religion. Prions donc, ma Révérende Mère, souffrons, aimons, afin que la grâce de Dieu illumine encore de ses rayons divins sur de nouveaux chemins de Damas d'autres Saint-Paul, et en fasse, comme de ce grand apôtre, des vases d'élection.

Le bienheureux curé d'Ars disait que le cœur des saints était *liquide*, et cette expression est formulée par St-Thomas d'Aquin dans sa *Somme théologique*. Elle rend bien, ma Révérende Mère, cette action *dissolvante*, si je suis m'exprimer ainsi, qui, par l'ardeur de la charité, consume les âmes d'amour. Dom Jean avait même de la tendresse pour les petits animaux ; il les traitait avec compassion et leur épargnait la souffrance quand il le pouvait. Les pauvres bêtes, de leur côté, semblaient deviner les dispositions pacifiques de leur défenseur, et elles s'installaient dans sa cellule et sur lui avec une singulière confiance. Il était curieux de voir, par exemple, avec quelle sécurité les rats rôdaient dans la cellule de Dom Jean, qui était toujours une des plus délabrées. Cependant on lui ordonna de mettre une ratière ; mais l'obéissance n'ayant rien spécifié de plus, le cœur de Dom Jean interpréta le reste en faveur de la *miséricorde*, et une fois le rat pris, il le reportait tout doucement dans le jardin, d'où le *rongeur* pouvait revenir à son aise dans la cellule.

Cette bonté si simple et si patiente prouve bien, ma Révérende Mère, que le cœur de notre bienheureux était toujours plein de cette douceur que donne la possession de l'amour de Dieu, et qui se répand sans réserve sur la nature entière.

On assure que presque toute la vie claustrale du père Dom Jean Sallier s'est passée debout ou à genoux, moins les derniers jours de sa maladie ; c'est-à-dire qu'il ne faisait nulle attention à toutes ces infirmités qui nous occupent tant, nous, pauvres mortels. On n'a connu le mal qui l'a enlevé (un cancer à l'estomac) que lorsqu'il s'est complètement évanoui au chœur. A cette vue, l'alarme fut générale et douloureuse. Dom Jean dut garder pendant quelques jours le repos le plus absolu ; mais dès qu'il se sentit un peu mieux, il reprit ses exercices ordinaires. Il a langui ainsi pendant plusieurs mois ; mais la maladie faisant de grands progrès, l'obéissance lui enjoignit de garder la cellule ; il n'en sortit plus que pour aller dire la sainte Messe.

Tout autre que lui, dans l'état d'extrême faiblesse où il se trouvait, eût gardé le lit ; ce vaillant soldat du Christ n'a cessé de combattre qu'en cessant de vivre ; et ce combat de tous les instants était une immolation complète de la nature. On le voyait tous les jours monter péniblement et presque défaillant au saint autel, et célébrer les saints mystères avec la piété des anges.

Par l'empire qu'exerçait sa sainteté et par l'attrait de ses manières, il avait obtenu la faveur de dire la messe dans cet état maladif, faveur qui aurait été refusée à tout autre dans la crainte d'un accident ; cependant, outre le servant, on lui donnait un prêtre pour l'assister. Tous ceux qui ont eu ce bonheur ont conservé la profonde impression qu'ils éprouvaient autour de cet autel. Ils voyaient d'une manière sensible que le secours divin était là, et que cette célébration pouvait être considérée comme un miracle. C'en était un autre non moins surprenant de trouver cet agonisant debout dans sa cellule, priant, s'occupant des autres et répondant avec sa bonhomie ordinaire lorsqu'on lui demandait des nouvelles de sa santé : « Je suis un peu faible, mais je ne souffre pas. » Cependant sa figure sereine, calme et si belle, était quelquefois si décomposée lorsqu'il se reposait un moment, qu'on pouvait le croire mort ; mais à peine le touchait-on, qu'il ouvrait ses yeux, dont le regard était si attractif, et il semblait en pleine résurrection. Néanmoins, les ravages du mal se faisaient rapidement, et ce cher malade dut s'abstenir de dire la sainte Messe ; il fut même forcé de garder le lit, mais quel lit, ma Révérende Mère ! C'était plutôt une croix ; car ce serviteur de Dieu ayant des secrets pour la pénitence, avait celui de changer les fleurs en épines ; et contrairement aux autres souffrants, il cherchait et trouvait la *mauvaise place* ; et cela, avec tant de simplicité, qu'on n'a jamais soupçonné sa torture, et qu'elle n'a été devinée qu'après sa mort. Il n'a jamais profité de la liberté que donne la règle, pour le temps de la maladie, de quitter une partie de ses vêtements ; il a gardé jusqu'à sa mort la grande *caculle*, la tête découverte, le crucifix à la main nuit et jour, et le cœur en adoration, il priait encore ses frères en Jésus-Christ d'intercéder pour lui, afin qu'il ne mourût pas dans la *sensualité*.

Son état empirant tous les jours, il demanda la

grâce de recevoir les derniers sacrements, et le Révérend Père général dut céder à son désir. Au moment de la sainte cérémonie, la communauté entière se pressait dans sa cellule ; tous voulaient le voir, le contempler et prier avec lui. Quand tous les frères furent assemblés, la voix pénétrée et pénétrante de ce cher mourant s'éleva avec force pour demander pardon des peines et des mauvais exemples qu'il croyait avoir donnés. Le Révérend Père général lui ayant demandé, suivant l'usage, s'il pardonnait à tous ceux qui l'avaient offensé, il répondit, avec son angélique douceur :

« Je pardonnerais de tout mon cœur, mais per-
« sonne ne m'a jamais fait aucun mal. » Paroles touchantes, ma Révérende Mère, et qui ne peuvent avoir été dites que par un saint.

Après la cérémonie, chacun voulut le voir pour lui adresser les derniers adieux : il embrassa tous ses frères avec le plus grand calme, tandis que ceux qui s'approchaient de lui étaient tristes et avaient les yeux pleins de larmes. Il s'aperçut que la nature allait les dominer : « Allons, mes frères,
« dit-il, faisons dès à présent, à notre Seigneur,
« le sacrifice de notre séparation. » Et il parlait de son agonie, de sa mort, avec un courage simple et énergique à la fois. Ayant appris qu'un religieux avait

reçu en même temps que lui les derniers Sacrements, il témoigna le désir d'être placé dans la même fosse, pour épargner la peine d'en creuser une seconde.

Le frère tailleur étant venu à son tour lui faire ses adieux, il lui prit les deux mains avec une bonne grâce parfaite, et le regardant avec ce sourire de *paradis* qui lui gagnait tous les cœurs, il lui dit : « Sous peu, mon cher frère, vous aurez la « charité de m'arranger pour la sépulture ; je vous « en remercie d'avance. » Ce bon religieux se mit à fondre en larmes, et lui donna avec émotion ses commissions pour le ciel. Du reste, tous en usaient ainsi ; on savait qu'on s'adressait à une âme entièrement dégagée des affections de la terre ; on lui parlait déjà, comme à un pur esprit, de ses besoins spirituels, de grâces à demander à la cour céleste, aux saints, et surtout à la divine Vierge Marie, patrone du monastère. Il écoutait, promettait, puis s'humiliant, il disait aux religieux qui l'entouraient : « Demandez pour moi la résignation et la patience ; « que je meure en vrai pénitent. J'espérais obte-« nir plus de ferveur par la grâce de l'extrême « onction que j'ai reçue ; je vois que je me suis « trompé ; demandez bien pour moi la véritable « contrition pour les derniers moments de ma vie. »

Enfin, les crises de la maladie devinrent terribles ; il n'était plus possible au patient de cacher ses souffrances ; son estomac ne pouvait supporter aucune nourriture ; il ne prenait plus que quelques cuillerées d'eau de la Salette. Qu'il était touchant, ma Révérende Mère, de l'entendre demander cette potion bénie qui, disait-il, lui *rafraîchissait l'âme*, et lui donnait un nouveau courage pour souffrir ! « Pour l'amour de Dieu, disait-il avec douceur, « donnez-moi quelques *larmes* de la Ste-Vierge. » Eh bien ! ma Révérende Mère, malgré l'extrême faiblesse où ce long jeûne devait le réduire, et malgré de cruelles souffrances, il a continué jusqu'à la fin à entendre les confessions de ses pénitents et à se donner *tout à tous*, sans exception de personne.

Il est vrai que dans son infinie bonté, Dieu ne délaissait pas son fidèle serviteur. Dans cette suprême épreuve, la grâce en adoucissait les rigueurs, et devant la mort, cette belle âme n'éprouvait ni angoisses ni terreurs. Confiante en la miséricorde et l'amour de son Créateur, on eût dit qu'elle jouissait déjà de la félicité des élus.

Depuis que ce cher père ne pouvait plus dire la messe, on lui apportait tous les jours la sainte communion ; il l'a reçue encore après les matines quelques minutes avant sa mort, et l'on peut dire qu'il a été faire son action de grâce dans le ciel.

Enfin, le moment de la dernière agonie est arrivé ! On a satisfait à la piété de ce saint religieux en faisant auprès de lui les prières de la recommandation de l'âme, et en récitant les saint Evangiles selon les quatres évangélistes. Il s'unissait avec amour à ceux qui priaient pour lui, et en expirant il a prononcé les noms de Jésus et de Marie, noms qui avaient toujours été si chers à son cœur. Il est mort, en baisant la croix, le 2 janvier 1861.

Après sa mort, sa figure s'était transfigurée ; toute expression de douleur avait disparu, et en la contemplant on croyait y voir des rayons d'une clarté céleste. Ses lèvres pures semblaient encore murmurer une suave prière ; on baisait religieusement ses mains et l'on priait près de ce cercueil avec confiance et amour, en invoquant la médiation de ce bienheureux qui avait tant aimé son Dieu et ses frères ici-bas.

C'est le privilège des saints, ma Révérende Mère. On les a perdus et ils sont présents ; ils n'attendent pas le dernier jour pour ressusciter ; ils survivent dans les âmes, dans la vénération, dans l'amour des cœurs, dans les prodiges qui environnent leur tombeau. On en signale déjà un grand nombre autour de celui de notre bienheureux. Prions-le donc, ma Révérende Mère, pour le salut de nos âmes, pour la conversion des pauvres pécheurs, pour l'expansion de notre sainte religion catholique, apostolique et romaine, pour le sacerdoce, dont il a été le modèle et l'honneur, et pour cette patrie de la terre si tourmentée par l'antagonisme et les haines politiques. Que la paix de Dieu descende sur elle et unisse tous les hommes dans la même foi et dans le même amour.

Veuillez recevoir, ma Révérende Mère, l'expression de mon respect affectueux et les sentiments de ma vieille amitié,

Paule DOUBLE, Vve SÉMÉRIE.

Marseille. — Typ. E. Jouve et Cᵉ, rue Montgrand, 36.

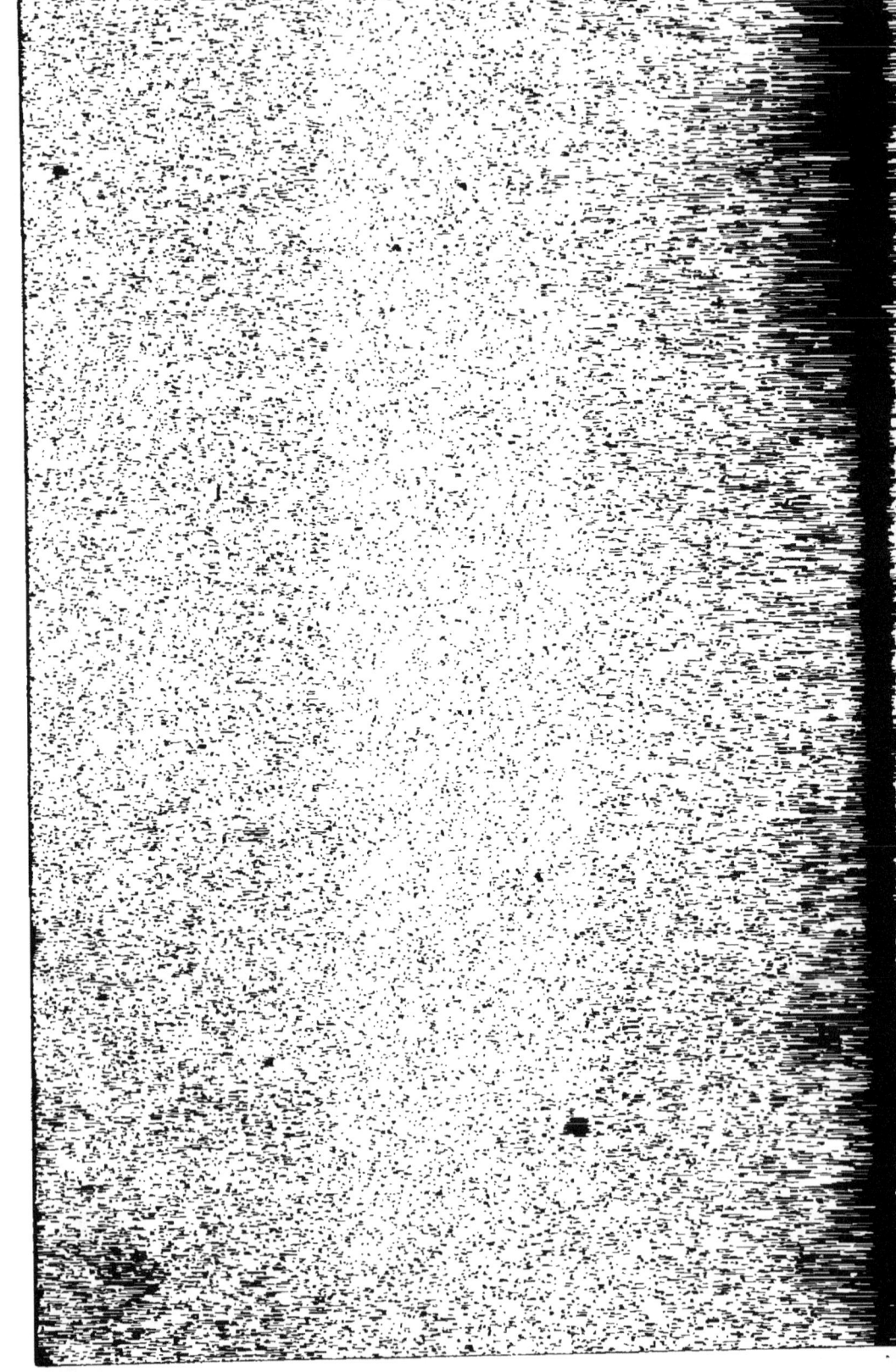

www.ingramcontent.com/pod-product-compliance
Lightning Source LLC
Chambersburg PA
CBHW060722050426
42451CB00010B/1583